ÉTUDE

SUR

LES BOUILLANE ET LES RICHAUD

PAR

A. LACROIX

Archiviste du département de la Drôme

VALENCE
IMPRIMERIE DE CHÈNEVIER

1878

ÉTUDE

SUR

LES BOUILLANE ET LES RICHAUD

PAR

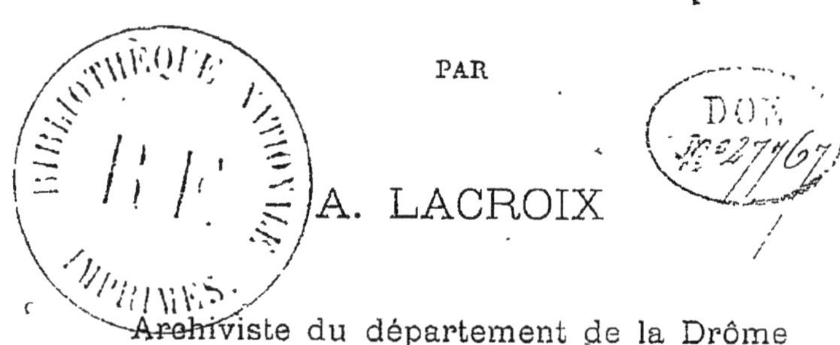

A. LACROIX

Archiviste du département de la Drôme

VALENCE
IMPRIMERIE DE CHENEVIER

—

1878

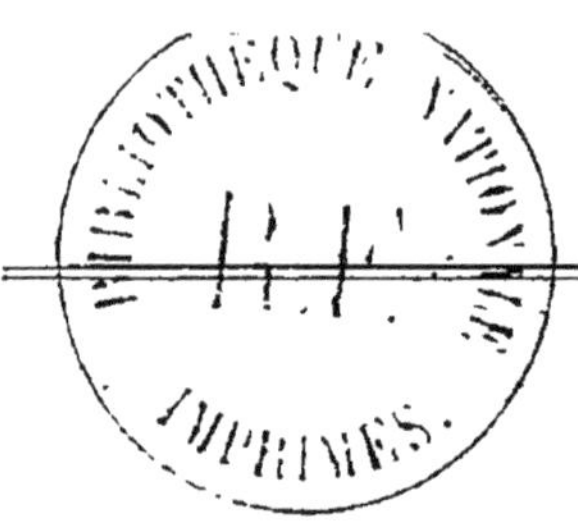

LES BOUILLANE ET LES RICHAUD

ÉTUDE HISTORIQUE & CRITIQUE

De Saillans à Die, plusieurs villages pittoresques attirent l'attention du voyageur, privé de vastes horizons entre deux rangs de montagnes élevées : Espenel, sur la rive gauche de la Drôme, Vercheny, Pontaix et Sainte-Croix, sur la rive droite.

Au nord de Sainte-Croix, une vallée silencieuse, au fond de laquelle la Sure, affluent de la Drôme, roule ses eaux limpides, va se terminer au pied de la montagne d'Ambel. L'élévation des roches nues qui couronnent ses deux versants boisés ou couverts de cultures, lui donne, selon les heures du jour, la lumière et la grâce, ou les demi-teintes sombres et la mélancolie.

Quatre modestes villages animent la vallée : Saint-Julien-en-Quint, le plus rapproché d'Ambel, Saint-Andéol, au bord de la Sure, et Saint-Étienne, sur sa rive gauche, puis Sainte-Croix et les ruines de son ancien château fort, appelé le château de Quint, parce qu'il était à cinq milles de Die.

« Quoique la vallée de Quint soit composée de trois paroisses : Saint-Julien, Saint-Andéol et Saint-Étienne (ces deux lieux n'en formoient qu'une) et Sainte-Croix, elle ne formoit néanmoins qu'une communauté ou taillabilité, sous le nom collectif de Quint, jusques en 1595, qu'on forma des communautés et taillabilités particulières de chacune des trois paroisses [1]. »

Les Poitiers, comtes de Valentinois et Diois, souvent en guerre avec les évêques de Die, étaient maîtres de la vallée et du château de Quint. Toutefois, il ne s'agit pas d'eux en cette étude, mais simplement de deux de leurs vassaux, dont l'existence à travers les âges ne fut ni exempte de péripéties, ni privée d'une auréole de grandeur.

D'après la légende adoptée par Guy Allard, Albert du Boys, la *Mosaïque du Midi*, l'*Armorial du Dauphiné* et l'*Annuaire de la noblesse*, deux bûcherons de la vallée de Quint, François Bouillane et Michel Richaud, sauvèrent d'une mort certaine un des princes souverains de Dauphiné, à la chasse dans la forêt de Malatra, sur les pentes d'Ambel. Les uns l'appellent simplement un Dauphin et les autres Louis, fils de Charles VII, plus tard Louis XI. Quoi qu'il en soit de l'identité du chasseur, il se trouva soudain séparé de sa suite et poursuivi par un ours énorme. « L'animal, blessé dans le flanc, cherchait à grimper le long d'une cheminée de rochers et il n'était plus qu'à une faible distance de son agresseur, en face d'un gouffre béant, quand les deux charbonniers arrivèrent, armés de leurs grandes haches. Bouillane frappa l'ours par derrière et lui coupa la jambe; puis il n'eut, ainsi que Richaud, que le temps de se mettre par côté, et l'animal féroce, ne pouvant plus se soutenir, descendit en roulant le long du rocher. Mais, arrivé en bas, il se débattait encore, en mugissant, quand Richaud s'approcha courageusement et lui asséna sur la tête un coup si violent qu'il l'étendit mort à ses pieds [2]. »

Le Dauphin, plein de reconnaissance, offrit de l'or à ses libérateurs; mais ils refusèrent avec fierté, en déclarant que le dévouement ne se payait pas. Le prince, ému, les embrassa, les

---

(1) Barnave, *Mémoire* de 1787.

(2) *Rodolphe de Francon ou une conversion au XVIe siècle.*

fit chevaliers et leur donna pour armes *d'azur à une patte d'ours d'or, mise en bande*. La *Mosaïque du Midi* veut que ce soit d'argent à deux épées croisées, avec une patte d'or à la poignée de chacune, sans indication d'émaux. Cette opinion, isolée d'ailleurs, est contredite par Chorier et Guy Allard, mieux au courant des armoiries dauphinoises [1].

L'*Annuaire de la noblesse* pour 1863 rapporte une tradition d'après laquelle Louis, dauphin, attribua à François de Bouillane la patte d'ours gauche mise *en fasce* et à Michel Richaud, la patte droite mise *en bande*. Toutefois, lorsqu'Osée de Bouillane fit enregistrer ses armes en 1697 et que Joseph de Bouillane, avocat au parlement de Grenoble, remplit la même formalité, ils prirent l'un et l'autre, suivant les indications de Chorier et de Guy Allard, *d'azur* à la patte d'ours d'or mise en bande [2].

L'histoire se tait sur l'événement légendaire et sur les exploits ultérieurs des deux bûcherons ainsi anoblis ; mais leur postérité se multiplia dans la vallée, pendant que de nombreux rejetons allaient s'établir ailleurs.

On sait que Chorier et Guy Allard, par suite des déclarations royales de janvier 1661 et de juillet 1664, furent employés l'un comme procureur du roi et l'autre comme rapporteur, à la recherche des usurpateurs de noblesse et obtinrent de la sorte communication d'une foule de titres.

Or, Chorier place à Saint-Julien-en-Quint seize familles de « de Boliane, fort pauvres gentilshommes, ajoute-t-il, dont la noblesse a néantmoins été reconnue par les jugements de tous les intendans envoyez en cette province ».

Quant aux Richaud, il leur trouve une étroite union avec les Bouillane : même lieu d'habitation, mêmes titres, mêmes armes et mêmes intérêts. Il cite l'arrêt de 1554 déclaratif de leur noblesse et en compte treize branches à Saint-Julien-en-Quint.

---

(1) *Mosaïque du Midi*, de 1840, p. 363. — *État politique du Dauphiné*, t. III. — *Dictionnaire historique et nobiliaire.*

(2) *Annuaire de la noblesse* pour 1863.

« Ce sont, d'après lui, de pauvres gentilshommes, à qui la noblesse est un obstacle à toute espérance d'une meilleure fortune [1]. »

Guy Allard fait anoblir par Louis, dauphin, en 1447, les treize branches des Bouillane, « plus fertiles en hommes qu'en biens, » et les dix branches des Richaud, par le même prince, en 1443. « A peine ceux de cette famille sortent de leur village, où ils cultivent leurs terres avec soin, se marient même souvent dans la famille et souvent avec celle de Bouillane, qui n'est ni plus riche, ni plus ambitieuse [2]. »

A son tour, Barnave, en 1787, chargé de défendre la noblesse de ces maisons, rechercha, mais en vain, leur origine et leur histoire dans les titres encore intacts de la chambre des comptes et dans ceux de ses clients. Après avoir cité la légende d'un Dauphin préservé des étreintes mortelles d'un ours par un Bouillane et un Richaud sur la montagne d'Ambel, il ajoute :

« Les preuves multipliées de leur noblesse, consignées dans les registres de la chambre des comptes, et le peu de monuments qui leur restent par devers eux, la présentent comme si ancienne, qu'il n'y a pas beaucoup de maisons dans la province qui puissent prouver au delà; et quoique depuis longtemps la plupart des individus aient été pauvres, il paroît qu'on les a toujours tenus en général pour d'honnêtes gens. Suivant la tradition, les maisons de Richaud et de Bouillane sont originaires de la vallée de Quint, ce qui est même vraisemblable, puisque la grande majeure partie des membres qui existent y sont encore actuellement demeurants [3]. »

Des recherches suivies et consciencieuses au temps de Barnave auraient dû amener de meilleurs résultats, et il est permis de conclure ou bien qu'elles ne furent pas faites, ou bien qu'en réalité l'origine de ces familles se perd dans la nuit des temps.

(1) *État politique*, t. III.

(2) *Dictionnaire historique du Dauphiné.*

(3) *Mémoire* de 1787.

Le premier et le plus ancien Richaud connu est noble Pierre, qui rendit hommage à Aimar de Poitiers, pour ses biens francs et nobles à Quint, le 18 mars 1327. En 1345 et 1349, nobles Guillaume et Hugues de Bouillane remplirent le même devoir [1].

On a aussi une obligation souscrite à un Juif par nobles Pierre de Bouillane, dit Bayle, de la vallée de Quint, Pierre de Varce et Hugues de Faucon, en 1394, et une association aux biens, droits et actions de noble Pierre de Bouillane, de la même vallée, leur père, par nobles Eymard et Pierre, en faveur de leur frère Berthon, du 10 septembre 1431 [2].

Ce qui permet d'établir d'une façon péremptoire que l'anoblissement des deux familles par Louis XI, encore dauphin, est une simple tradition, démentie par l'histoire, ce prince n'ayant séjourné dans la province que de 1446 à 1456.

Est-ce à dire qu'un autre Dauphin, depuis Guigues le Vieux, en 1095, jusqu'à Humbert II, le dernier, en 1349, n'ait pas été sauvé d'une mort certaine par deux bûcherons courageux? Rien n'autorise à aller jusque-là.

Toutefois, si Louis, dauphin, plus tard Louis XI, n'anoblit pas les Bouillane et les Richaud, il reçut leurs hommages, comme successeur et héritier des Poitiers, en 1446. Le même prince, « ayant fait affouager les communautés dépendantes des comtés de Valentinois et Diois, pour les mettre à la taille, l'affouagement de la vallée de Quint, fait en 1443 », et les révisions des feux de 1448 et 1475 présentent les familles de ce nom comme anciennement nobles et exemptes d'impositions. La révision de 1475, plus explicite que les précédentes, ajoute même « que les Bouillane et les Richaud servoient aux armées, ainsi que les autres nobles ».

On constate aussi la qualification nobiliaire dans des albergements ou baux emphytéotiques passés par le châtelain delphinal, le 28 novembre 1476, à noble Antoine de Bouillane et,

---

(1) *Invent. de la chambre des comptes.* Valentinois, au mot *Quint.*

(2) Archives de la Drôme, *Invent. somm.*, E. 217, 2139.

le 10 novembre 1477, à Pierre; dans les hommages prêtés à Louis XII, le 28 juillet 1511, par Barthélemy de Bouillane, en son nom et au nom de ses frères, héritiers de Berthon, et par Antoine, Jean, Jamon et Artbaud Richaud; à Henri II, le 17 novembre 1547, par Antoine et Hugues de Bouillane et par Jacques Richaud; en 1446, 1447, 1452 et 1453, au dauphin Louis par Jarenton et Bontoux Richaud, et dans les dénombrements de Barthélemy de Bouillane, en 1476, de Pierre de Bouillane et de Jean Richaud, en 1539 [1].

« En un mot, dit Barnave, tous les actes qu'on trouve à la chambre des comptes où il s'agit d'eux les donnent pour anciens nobles et vrais gentilshommes. »

Or, tant que leurs priviléges se réduisirent à l'exemption des redevances, services et devoirs féodaux, les habitants de Quint n'élevèrent aucune plainte : ils les respectèrent même après l'établissement des tailles annuelles pour l'entretien des armées permanentes, créées sous Charles VII et Louis XI, parce que, au témoignage d'Expilly, ces tailles se levaient à l'origine par *feux*, applicables aux familles et non aux biens, revus et modifiés à chaque imposition nouvelle; mais du moment que les tailles furent imposées suivant l'étendue de territoire des communautés et non selon le nombre des contribuables, les réclamations naquirent aussitôt et se multiplièrent sans relâche [2].

« L'impôt des tailles, comme l'appelle Chorier, est un tribut de la reconnoissance publique et un aveu de servitude. » Pour cela même, les deux premiers ordres s'en étaient exemptés. Tout le poids de leur charge retombait en conséquence sur le tiers état. La noblesse, le clergé affirmaient la taille personnelle. « Je suis prêtre, je suis noble, disaient-ils, je ne dois rien; la taille est une flétrissure, elle ne peut m'atteindre, et si je deviens possesseur d'un fonds roturier, c'est-à-dire sujet à la taille, la vertu seule de mon attouchement suffit pour l'en décharger. »

---

(1) *Mémoire* de Barnave et *Invent. de la chambre des comptes.*

(2) Expilly, *Plaidoyers.*

Le tiers état, au contraire, affirmait la taille purement réelle et prédiale. « Il y a deux sortes de biens, disait-il : les *biens feudaux*, c'est-à-dire exempts de la taille (c'est une usurpation, mais je l'accepte), et les *fonds roturiers,* qui y sont soumis. Tous les biens doivent être cadastrés, et si je deviens possesseur d'un fonds noble, il doit conserver dans mes mains la vertu que vous lui avez conférée [1]. »

Envisagée à un point de vue général, la question souleva le célèbre *procès des tailles*, qui absorberait notre sujet, beaucoup plus modeste; mais les aspirations du tiers état, qui se font jour alors dans les archives de toutes les communes de la province, devaient éclater bien plus ardentes encore dans une vallée où les exempts, comme les Richaud et les Bouillane, étaient, d'ordinaire, de modestes cultivateurs et de très-petits tenanciers.

L'avénement de François Ier amena des levées considérables d'argent pour payer ses armées. Aux unanimes récriminations succédèrent les protestations et même les accusations, et l'autorité royale dut intervenir et déclarer commune aux trois ordres la dépense des étapes des gens de guerre (15 avril 1537). Mais elle ne toucha pas à la taille.

Aussi, dix ans plus tard, voit-on les Bouillane et les Richaud appelés en cause devant le parlement de Grenoble pour justifier leur exemption. Un arrêt du 17 mars 1554 termina l'instance, dont Barnave ne retrouva que quelques pièces en 1787. Il y est dit que les consuls de la vallée de Quint avaient cotisé leurs compatriotes nobles au rôle de la taille, alors personnelle; que ceux-ci avaient recouru à la cour, en vue du maintien de leurs priviléges, et demandé cassation des saisies de meubles faites pour refus d'impôts; qu'enfin les demandeurs, invoquant un moyen extrême, avaient contesté la noblesse de Pierre de Richaud, de Jean et de deux Antoine de Bouillane, qui, disaient-

(1) Ch. Laurens, *Le procès des tailles,* 17.

ils, gagnaient « leurs journées mécaniques, fréquentoient les foires, vendoient et achetoient du bétail ».

Une enquête fut ordonnée, et les témoins, la plupart gentilshommes ou anciens receveurs du vingtain seigneurial (impôt levé pour l'entretien des murailles des bourgs et du château de Quint), détruisirent une à une les accusations des consuls, en sorte qu'une possession immémorée en faveur des intimés se trouva établie.

« Il paroît, ajoute Barnave, qu'on avoit produit plusieurs hommages, notamment ceux du 17 novembre 1547, et plusieurs rôles, quittances et congés de l'arrière-ban. » Ainsi, la preuve de noblesse fut complète, et la seule difficulté roula sur la dérogeance encourue pour « marchandise et négoce ». Mais la cour maintint Pierre de Richaud, Jean et les deux Antoine de Bouillane en possession de leurs qualité et exemption des tailles, en vivant noblement; défendit aux consuls de les cotiser à l'avenir et révoqua toutes cotisations et exécutions antérieures. La dérogeance fut donc écartée [1].

Le 28 octobre 1556, un traité intervenait entre les consuls et habitants de la vallée et ses nobles, dont l'exemption était reconnue, avec réserve toutefois en faveur des réparations aux ponts et aux chemins publics, aux fontaines, puits et murailles, et autres dépenses communes, ce qui s'appelait *taille négociale* ou *cas de droit*. Les Bouillane et les Richaud acceptèrent ces clauses, conformes d'ailleurs à un accord du 6 février 1554 entre les trois ordres de la province, conclu aux États de Grenoble.

L'accalmie succéda à ce premier orage et jusqu'à la fin du XVIe siècle on ne trouve plus aucune trace de difficultés à ce sujet.

Mais si les fréquents passages de troupes sous François Ier avaient causé la première insurrection juridique contre les privilèges et la transaction de 1554 entre les trois ordres, en quel

---

(1) *Mémoire* de 1787.

état désastreux avaient dû mettre la province, à la fin du XVIe siècle, quarante années de discordes civiles et religieuses? Non-seulement il avait fallu subir les étapes et les *aides* (contributions pour logements militaires), mais encore payer les troupes catholiques et protestantes, qui tour à tour s'emparaient des villages. De si lourdes charges ou *foules*, selon l'énergique expression du temps, avaient contraint les communes à emprunter de grandes sommes d'argent, et lorsque Henri IV eut rétabli la paix, tous leurs créanciers voulurent être payés à la fois. Claude Brosse se fit l'avocat des communes et réclama, avec succès, d'abord des surséances et ensuite une meilleure répartition des tailles.

Or, précisément à l'époque de la vérification des dettes communales (1606), les consuls de Saint-Julien attaquèrent la noblesse de Jacques de Bouillane, descendant de Jean, cité dans l'arrêt de 1554, qui, disaient-ils, avait été domestique dans sa jeunesse. L'intimé se défendit avec vigueur et, après enquêtes, le parlement de Grenoble lui reconnut et sa qualité et son exemption, en vivant noblement, ordonna sa radiation des rôles, défendit de le cotiser à l'avenir, à peine de 1,000 livres d'amende, et condamna les demandeurs aux dépens et à la restitution des sommes exigées (14 novembre 1606).

« On peut remarquer sur cet arrêt, avec Barnave, que Jacques de Bouillane avouoit d'avoir été obligé de servir des maîtres pendant sa jeunesse, à cause de sa pauvreté ; par où il est évident que la cour jugea que ce fait ne lui avoit pas fait perdre sa noblesse. »

Si les Bouillane et les Richaud avaient pour la plupart une fortune modeste, leurs familles, en se multipliant, ne laissaient pas de former une sorte de tribu privilégiée et exempte d'impôts. Les consuls de Saint-Julien, peu de temps après l'arrêt de 1606, comprirent dans leurs rôles de tailles Pierre, Moïse et Jacques de Bouillane. Ceux-ci recoururent aussitôt à la cour souveraine de Grenoble, qui, par ordonnance du 8 juillet 1619, « accorda lettres pour appeler parties et cependant *inhiba* suivant l'arrêt; en sorte qu'il est évident que l'exemption des Bouillane et des Richaud étoit une chose notoire [1] ».

A cette époque d'autres nobles, de même nom, avaient à répondre à de semblables poursuites, et un arrêt du parlement dauphinois maintenait les défauts obtenus par Pierre et Osée de Bouillane contre les consuls de Vinsobres (1606) [2].

Cependant, tandis que le tiers état s'attaquait à la noblesse des deux maisons de Quint, les gentilshommes de la province la reconnaissaient formellement.

L'arrière-ban avait été convoqué et les Bouillane et les Richaud, au nombre de 22, avaient reçu ordre d'y servir ou d'y contribuer. D'après leurs doléances au sénéchal du Valentinois et Diois, ils n'étaient pas en état d'obéir. « Soit par la perte ou la division du patrimoine des deux familles, disaient-ils dans leur requête, les Bouillane n'ont ensemble que 864 livres de revenu et les Richaud que 597, le tout en biens champêtres, sans aucun fief, n'y ayant pas une des 22 familles qui approche 200 livres de rente...... Ils sont donc hors d'état d'équiper dignement suivant que les ordonnances l'exigent et prêts à y aller à pied ou de fournir tel nombre de personnes qu'il sera jugé raisonnable, eu égard à leurs biens; ils ajoutent qu'il seroit juste de les réduire à un homme pour les familles des Richaud et à un autre pour les familles des Bouillane. »

Barnave, qui invoque cet argument, n'avait pas réfléchi à l'objection du tiers état. « Vous vous prétendez exempts, répliquait-il sans doute aux privilégiés, parce que vous contribuez à la conservation du royaume par le service militaire, et vous ne pouvez paraître à l'arrière-ban! Mais alors vous devez la taille! »

Aussi, malgré la dispense royale octroyée en 1630 aux pauvres gentilshommes, arrivés à pied à l'assemblée de Bourgoin et qui n'avaient moyen de se monter et équiper, la lutte recommença-t-elle en 1637 devant l'Élection de Montélimar, après la publi-

(1) Barnave, *Mémoire*.

(2) *Invent. sommaire des archives de l'Isère*, B. 368.

cation de l'arrêt du conseil obligeant les nobles qui se prétendaient exempts des tailles à représenter leurs titres. « On assigne, dit Barnave, les Srs de Richaud et de Bouillane pour faire cette représentation, et comme il falloit quantité d'actes pour prouver leur filiation, » ils demandent et obtiennent un délai. Deux ans plus tard, le 24 octobre 1639, le règlement qui de personnelle rendait la taille réelle, en confirmant et étendant l'arrêt de 1634, amenait en Dauphiné les commissaires du roi chargés d'en assurer l'exécution.

La commune de Saint-Julien-en-Quint appela devant eux les Bouillane et les Richaud, au nombre de 24, et ceux-ci, malgré les efforts des anciens fermiers du vingtain pour détruire leurs preuves de noblesse, représentèrent « des hommages, des extraits de la révision des feux de 1475 et peut-être plus de cent contrats de mariage ou testaments où ils avoient toujours été qualifiés nobles et qui prouvoient en même temps leur filiation ».

Malgré les objections des consuls, ils furent déclarés anciens nobles et maintenus en la jouissance des priviléges de l'ancienne noblesse, conservés par le règlement de 1639, et leurs biens et héritages roturiers acquis et possédés avant le 1er mai 1635 proclamés francs et exempts de toutes impositions roturières à perpétuité (19 octobre 1641).

« Ainsi, conclut Barnave, il fut jugé, d'après la plus ample discussion et sur une infinité de titres et d'actes que les Srs de Richaud et de Bouillane, quoique pauvres, devoient jouir des priviléges de l'ancienne noblesse, comme étant vraiment anciens nobles [1]. »

Bientôt après, Louis XIV ordonne la recherche des usurpateurs de noblesse et Dugué, intendant, le 11 juillet 1667, délivre à nos deux maisons de Quint un certificat établissant qu'elles ont prouvé la leur et, le 11 novembre 1670, les décharge des assignations données [2].

---

(1) *Mémoire* de 1787.

(2) *Ibid.*

On a pour l'année 1675 une déclaration officielle de tous les nobles de Saint-Julien-en-Quint, et nous y trouvons pour les *Bouillane* :

1. Pierre, aux Rouisses, avec 6 livres de revenu.
2. Paul, aux Bailles, 12 —
3. David, aux Bailles, 60 —
4. Maurice, aux Tonies, 100 —
5. David, aux Tourtes, 4 —
6. Jeanne, fille d'Osée, 15 —
7. Jean, cadet, 80 —
8. Jean, dit Goujat, 60 —
9. Antoine, dit Goujat, 20 —
10. Jean, dit Michon, 4 —
11. Hoirs de Pierre, 5 —
12. Hoirs de Mathieu, 18 —
13. Jean, dit Cousin, 20 —
14. David, fils de Jean, 30 —
15. Jean, dit Monsieur, 75 —
16. Pierre, des Gautiers, 120 —
17. Jacques, fils de Pierre, gendre de Richaud-Verdeyer.
18. Jean, 19 —
19. Jean, fils de Jacques, 15 —
20. Claude, de Pontaix, gendre de Sibleyras.

Pour les *Richaud* :

1. Moïse, dit Transaille, des Tonies, avec 40 livres de revenu.
2. David, dit Transaille, des Tonies, 23 —
3. Pierre, dit Sahuc, 8 —
4. Mathieu, des Morins, 28 —
5. Jean, dit Lhoste, 130 —
6. Jean, 45 —
7. Moïse, dit Morel, 24 —
8. Pierre, dit Vesi, 78 —
9. Moïse, dit Lhoste, 75 —
10. Jacques, des Richauds, 50 —
11. Jean, dit Verdeyer, 31 —
12. Antoine, 50 —

A cinq ans de là les mêmes familles étaient déclarées nobles dans le nouveau terrier du roi et en 1698 les commissaires de la révision des feux constataient qu'au moment de la division de la vallée en trois communes (en 1595) il y avait seulement 12 ou 13 familles de gentilshommes; que ce nombre était plus que doublé, et qu'au moyen de mariages contractés avec des roturières les biens de celles-ci avaient été anoblis, ce qui donnait beaucoup de fonds exempts à la communauté, composée de 128 chefs de famille taillables, de 27 nobles et de 1 curé.

Des velléités de tracasseries se manifestèrent en 1744, lors des réparations ordonnées au pont de bois de quart sur la Drôme, et les consuls voulurent exiger les corvées des Richaud et des Bouillane, ce que l'intendant ne permit pas. Bien plus, ils furent rayés du rôle de la capitation roturière et portés sur le rôle de l'Élection de Montélimar avec les autres nobles.

L'appel des consuls donna lieu à des procédures devant l'intendant et ensuite devant le parlement de Grenoble; puis, sous prétexte de contraventions aux ordonnances du roi touchant la religion, l'affaire prit une tournure toute nouvelle et même odieuse, comme on va le voir, par suite de la jalousie de quelques familles bourgeoises, presque toujours à la tête de la communauté ou fermières du vingtain seigneurial. « Ce qu'il y a de plus singulier, dit Barnave, c'est que ceux qui exerçoient ces vexations, du moins les fermiers du vingtain, étoient religionnaires, n'y ayant que deux ou trois familles d'anciens catholiques dans les communautés de Saint-Julien et de Saint-Andéol. »

C'était le temps des assemblées au Désert, formellement interdites par les édits et ordonnances de 1685, 1686, 1689, 1698 et 1724. Il y en eut sans doute dans la vallée, car le parlement « décréta en particulier quelques membres des familles de Bouillane et de Richaud, et par une disposition subordonnée décréta d'ajournement personnel tous les chefs des mêmes familles ». Ce décret fut signifié à tous les Richaud et Bouillane et même à de pauvres veuves; les interrogatoires se firent et le procès, réglé à l'extraordinaire, vint devant la chambre des vacations, qui, le 6 novembre 1745, condamna par défaut plusieurs membres des deux maisons aux galères perpétuelles pour contravention aux édits et ordonnances du roi concernant la religion, et à des amendes pécuniaires de 10 livres, d'autres à la déchéance de leur noblesse, avec ou sans amendes; mit hors de cour quelques autres et notamment les veuves; défendit aux Bouillane et aux Richaud, nommés ou non nommés dans l'arrêt, qui avaient exercé des métiers ou fait actes dérogeant à la noblesse, ou dont les pères et aïeux étoient tombés dans le même cas, de se qualifier nobles, et aux notaires et autres personnes publiques de leur donner cette qualité dans des actes, à peine d'amende. »

On ignore si les affiches et publications ordonnées par l'arrêt eurent lieu; mais grand fut l'étonnement général quand on vit tous les Richaud et tous les Bouillane privés de leur noblesse pour des faits particuliers et étrangers, lorsque les habitants de la vallée les plus assidus aux assemblées du Désert n'étaient inquiétés en aucune façon [1].

Cette partialité effraya les jeunes gens des familles poursuivies, et la plupart quittèrent la contrée, les uns pour se faire soldats, les autres pour s'établir ailleurs ou même pour émigrer. Toutefois, ce serait une erreur de croire que la dispersion

(1) *Mémoire* de 1787. — *Recueil d'édits, ordonnances,* etc., par GIROUD, t. XXII. — Voici les condamnations prononcées contre les *Bouillane :* Jean-Pierre, des Bonnets, galères perpétuelles et déchéance; Mathieu, Jean, François-David, de Villeneuve, David-Jean, des Bergers, Paul, des Bailles, Paul, des Bonnets, Claude, Jean-Pierre, dit Cousin, déchéance; et contre les *Richaud :* Jean-Pierre, dit la Buse, Pierre, dit Breyton, Jean-Antoine, dit la Buse, Jean-Pierre, des Tourtes, André, des Bergers, Jean-Antoine, de Bournat, Antoine, dit Berthelon, des Richauds, Moïse, de la Cime, Louis, dit Bleu, François, dit la Buse, Jean-Antoine, Jean-Pierre, des Juliens; Jean, cordonnier, de Villeneuve, Just, du Moulin-Vieux, Antoine et Étienne, fermier de Lantheaume, déchéance; André, galères perpétuelles. (ARNAUD, *Histoire des Protestants,* t. III, p. 406. — *Recueil Giroud,* t. XXII.)

des deux familles commença seulement à cette époque, comme on le verra bientôt.

Qu'à la rigueur l'autorité royale eût dit à la noblesse qui refusait d'obéir : « Je vous ai donné des priviléges pour soutenir le trône, et du jour où mes ordres vous déplaisent, je vous retire mes faveurs. » Ce langage, suivi de mesures générales, eût pu être logique, sinon politique; mais atteindre par des moyens détournés les innocents et les coupables était une injustice. Aussi, une réaction s'opéra-t-elle en faveur des Bouillane et des Richaud, qui, à quelques exceptions rares, cessèrent d'être inquiétés pour leur noblesse. Bien plus, il restait aux condamnés de 1745 un devoir de réhabilitation à remplir avant toute prescription trentenaire. Ils formèrent donc opposition à l'arrêt privatif de leurs priviléges, le 6 octobre 1775. Comme preuve des lenteurs de la justice d'alors, nous pourrions citer des ordonnances des 6 mars 1780, 30 mars, 4 avril, 16 mai, 7 juillet et 7 septembre 1781, 18 mars, 20 et 28 août, 20 décembre 1782 et 8 février 1783 permettant à des membres des deux familles de poursuivre en particulier leur opposition et les maintenant, par provision, dans leur noblesse; puis une opposition de la commune de Saint-Julien à ces arrêts, suivie d'une association entre intéressés, au nombre de 50 Richaud ou Bouillane, pour faire casser l'arrêt de 1745. Barnave, qui débutait au barreau et dont le père était né à Vercheny, fut choisi pour défendre leur cause, et le mémoire (grand in-8° de 117 pages, imprimé à Grenoble, chez Cuchet, en 1787) rédigé par l'illustre orateur nous a fourni de nombreux détails et d'utiles révélations. Il esquisse l'histoire des Bouillane et des Richaud et prouve que l'arrêt de 1745 ne peut être d'aucune conséquence contre eux; de plus, que les faits allégués en 1785 en faveur de la déchéance sont faux et inconséquents. Il établit dans ce but, à l'aide de citations, que l'arrêt de 1745 n'a pas été contradictoire, puisqu'il s'agissait uniquement de faits étrangers à la noblesse dans l'instance, que les amendes n'entraînent point de note infamante dans l'espèce et partant de déchéance, et que, même dans l'hypothèse contraire, elles ne sauraient nuire aux enfants, qui tiennent leur qualité de leurs aïeux. Une deuxième partie est consacrée à démontrer la fausseté des faits allégués contre ses clients : BOUILLANE : Jacques, Jean-Pierre, Gaspard, Jean-Pierre, Jean-Mathieu; Jean-Moïse et Jean-Claude; RICHAUD : Jean-Claude, Jean, Jean-Claude, Jean-David, Just, Jean-Hélie, Jean-Louis, Pierre, Jean-Pierre, Jean, Jean-Pierre, Jean-Mathieu, Jean-Antoine, Jean-Pierre [1].

Puis il conclut à leur maintien en la jouissance de leurs priviléges et exemptions.

C'est en vain que l'on chercherait du style et de l'éloquence dans ce plaidoyer, savant, clair, méthodique, mais froid, incolore et hérissé de termes de pratique.

M. Bovet, avoué à Die, qui en a donné dans le journal de son arrondissement, en 1860, une analyse fidèle, déclare ignorer, comme nous, quel succès obtint le jeune avocat. Mais il croit à un ajournement indéfini de l'affaire, par suite des événements parlementaires de l'année 1788 et plus encore de ceux des années suivantes, où priviléges, noblesse, rangs, distinctions, tout sombra à la fois [2].

Quoi qu'il en soit, un membre de chacune des familles réclamantes parut à l'assemblée de Vizille et quatre s'y firent représenter. A Romans, le 10 septembre 1788, il y eut, pour les BOUILLANE : David-Jean, Jacques, Gaspard, Jean et Mathieu, ses frères; Jacques; Moïse et Claude, son frère; Jean-Pierre; Charles; Louis de Bouillane-Saint-Martin et Bouillane de La Coste; pour les RICHAUD : Jean et Gabriel, de Quint; Jean-Pierre, des Bornes; Jean-Claude; Jean-Pierre, Jean-Élie et Jean-Louis, son frère; Jean-David; Jean-Claude et Jean-Antoine, son frère; Gabriel; Jean-Moïse; Jean et Jean-Pierre, son frère; Antoine et Jean-Pierre, son frère; David-Jean; Jean-Mathieu et Pierre, son frère; Pierre; Jean-David, Pierre, Jean-

---

(1) *Mémoire* de 1787, qui pourrait bien être de Barnave père.

(2) *Journal de Die*, N.os 18, 19, 20, 21, 22 et 23.

Mathieu, Jean-Pierre et Jean, ses quatre frères *(Élection de Montélimar)*, la plupart anciens clients de Barnave.

Jacques et Louis de Bouillane *(Élection de Valence)*.

Louis et Joseph de Bouillane, Jean de Richaud, père et fils, Louis, André, Joseph et Étienne de Richaud *(Élection de Vienne)*.

D'après la tradition, ils furent placés à la droite du président, « comme étant les plus anciens nobles de la province, » et opinèrent toujours comme lui.

La plupart des 16 Bouillane et des 29 Richaud, au témoignage de MM. de Coston et Borel d'Hauterive, se présentèrent à l'assemblée en habits de paysans, avec de vieilles rapières et un havresac contenant leurs parchemins et leurs provisions de voyage. Toutefois, on affirme, à l'honneur de la noblesse, que cet ordre se cotisa pour payer leurs dépenses.

Ils ne reparurent pas à l'assemblée de décembre [1].

Nous n'avons parlé jusqu'ici que des Richaud et des Bouillane de Quint; il faut, pour être complet, constater aussi l'existence d'autres rameaux, également dignes de mémoire. Une branche des Bouillane possédait à Saint-Pierre-de-Paladru un château de son nom. Elle était représentée en 1789 par un maître des comptes, dont le père avait été capitaine au régiment de Saintonge. Elle a fini par des filles.

Les Bouillane-Lacoste habitèrent Poët-Laval, où, le 26 août 1735, noble Étienne, fils d'Esprit et de Claudine Marcel, épousait Jeanne Brès. Celui qui se trouva aux États de Romans eut de Marie Borel de Lestang un fils, conseiller honoraire à la cour de Grenoble.

Antoine-Henri de Bouillane, fils d'Étienne et de Jeanne Brès, alla diriger la verrerie de Rodière en Languedoc, où il se trouvait en 1787.

Il y avait aussi des Bouillane verriers à Poët-Laval et dans

(1) Procès-verbaux des assemblées de Romans et de Vizille. — *Origine, étymologie et signification des noms propres*, t. III. — *Annuaire de la noblesse* de 1863.

les environs. Ainsi, le parlement de Grenoble condamnait le 2 avril 1746, entre autres personnes, Henri de Bouillane, sieur de Perrotin, et Jean-Baptiste de Ferre de Beauplan, de Poët-Laval, à 25 livres d'amende envers le roi et à 75 livres pour l'instruction des nouveaux convertis, comme ayant assisté aux assemblées du Désert. Il était de Crupies et mourut à Poët-Laval le 4 décembre 1784. Vers 1760 il exerçait son art à Aleyrac, avec Louis de Bouillane, sieur de La Blache, et plaidait contre un marchand de bouteilles, son créancier [1].

Le 16 juin 1739, Charles de Bouillane-Saint-Martin, verrier à Taulignan depuis deux ans, fils d'Osée (de Poët-Laval) et d'Anne de Ferre (de Réauville), s'unissait avec Madelaine Broc, dont il eut plusieurs enfants. Charles, l'un d'eux, reprit alliance, le 26 août 1775, avec les de Ferre La Condamine et sa postérité existe encore.

Nous croyons aussi verriers les Bouillane de La Serve, à Poët-Laval, au XVIIIe siècle.

On manque de détails sur cette industrie dans la Drôme aux époques reculées; mais on sait qu'alors (1754) une verrerie à Taulignan occupait 7 ouvriers et un chef et une autre à Poët-Laval, 6 ouvriers et 2 chefs. Les ouvriers gagnaient de 20 à 24 sols par jour et fabriquaient jusqu'à 300 bouteilles ou jusqu'à 700 verres et gobelets. Quant aux chefs, ils pouvaient à peine les payer, témoin les procédures faites vers 1770 par Marie-Louis de Saulses de Fontclaire contre nobles Pierre et Charles de Bouillane, de Poët-Laval. En 1707, Laurent de Bouillane, de Montoison, se disait descendant de Barthélemy, qui avait été déclaré noble le 5 avril 1554 [2].

L'auteur de la comédie en prose intitulée *Catherine de Bouillane*

---

(1) *Recueil d'édits, ordonnances relatifs au Dauphiné*, par Giroud, t. xxii. — *Invent. des archives de la Drôme,* B. 1302, 1585. — Archives de Poët-Laval, état civil ancien.

(2) Archives de la Drôme : Intendance, supplément, B. 825, 1588.

en met aussi à Omblèze [1] et le dépouillement des archives communales en révèlera bien d'autres encore.

Quant aux Richaud, ils ont eu en Languedoc au XVIIe siècle une branche, maîtresse de la seigneurie de Gastaud, maintenue dans sa noblesse en 1699 par l'intendant de cette province. Vers 1750, un autre rameau s'établit en Béarn et forma les seigneurs de Préville, encore existants, et il y eut encore dans le Trièves (Isère) les Richaud de La Combette [2], en 1693, éteints à la deuxième génération.

Nous ne pousserons pas ces recherches plus loin : elles n'offriraient plus que d'insignifiants détails.

Les Bouillane et les Richaud sont maintenant connus avec leurs malheurs et leur ancienneté. Ce que nous honorons en eux aujourd'hui, c'est leur attachement à leurs montagnes et à leurs modestes exploitations agricoles, à leur vie dure et frugale, à leur simplicité, à leur amour du travail. Au lieu de tenter la fortune à l'aide de leurs parchemins authentiques, ils préférèrent vivre obscurs et labourer leurs terres, suivant ce que dit l'oracle : *Ne hais point le labourage, encor qu'il soit penible, car c'est de l'ordonnance du souverain (Maître)* [3].

M. Brun-Durand nous signale dans le *Cartulaire de Léoncel* (ch. 141, 142 et 143) un Humbert de Bouillane, témoin de plusieurs actes relatifs au monastère en 1245, et les archives communales de Mirabel nous révèlent les exemptions de la noblesse, en 1751 : exemption de l'industrie des corvées, du logement militaire et du transport des équipages, sans compter celle de la taille.

---

(1) *Catherine de Bouillane,* par Mme C. DE T. Paris, 1865. Br. in-12.

(2) *Annuaire de la noblesse* de 1863.

(3) OLIVIER DE SERRES, *Théâtre d'agriculture,* préface.

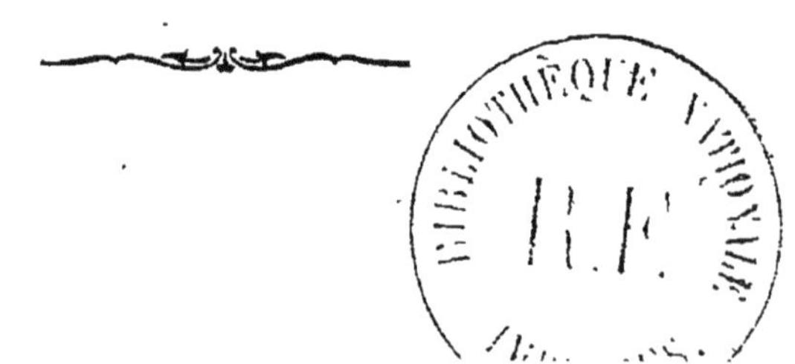

www.ingramcontent.com/pod-product-compliance
Ingram Content Group UK Ltd.
Pitfield, Milton Keynes, MK11 3LW, UK
UKHW021036200726
13857UKWH00004B/1746

9 782012 489127